장미의 왈츠
waltz of rose

장미의 왈츠

펴낸날 2025년 8월 4일

지은이 김주옥
펴낸이 주계수 | **편집책임** 이슬기 | **꾸민이** 허유진

펴낸곳 밥북 | **출판등록** 제 2014-000085 호
주소 서울특별시 마포구 양화로 156 LG팰리스빌딩 917호
전화 02-6925-0370 | **팩스** 02-6925-0380
홈페이지 www.bobbook.co.kr | **이메일** bobbook@hanmail.net

© 김주옥, 2025.
ISBN 979-11-7223-100-2 (03810)

※ 이 책은 저작권법에 따라 보호받는 저작물이므로 무단전재와 복제를 금합니다.

| 밥북 기획시선 42 |

장미의 왈츠
waltz of rose

김주옥 시집

시인의 말

세상 만물을 다 설명할 수 있을까요.
신의 섭리를 사람이 예견할 수 있을까요.
오늘 누군가를 만나고 내일은 또
무엇이 우리를 기다리는지 모르고 살아갑니다.
인연은 반드시 이어지고 그것이
수천 년 전부터의 예비하신 일이라면
우리는, 나는 눈을 감고 기도로 받아들여야 합니다.
지극한 사랑의 일이라면 우주도 막아내지 못합니다.
온몸으로 받아들여 내 안에 잉태된 사랑을
결실 되도록 하는 것은 소명이니까요.
어린 영혼에 다가오신 손길을 느낍니다.
아침의 태양으로 저녁의 노을빛으로
황홀한 하늘 이편에서 눈을 감고
바라본 눈부신 당신.

2025년

김주옥

차례

5 시인의 말

제1부
첫눈

10 고향 / 12 햇살의 깊이 / 14 첫눈 / 16 Dreamcatcher노래 시
18 한 송이 장미여 / 19 겨울 바람소리 / 20 나 그대를 사랑하는 까닭은
22 숨 쉬고 있는 것들 / 24 산책길 / 26 12월의 연가 / 28 목포 가는 길
30 아기단풍 / 31 눈물의 의미 / 32 겨울 엽서 / 35 치유의 숲속
36 감자 / 37 겨울과 여름 사이 / 39 겨울과 여름에게노래 시
40 빛의 손 / 41 눈물을 부르는 소리 / 42 시간의 강물 위에 누워

제2부
눈사람

44 존재의 침묵 / 46 별 하나 / 47 강물 위에 뜬 꽃잎 / 48 봄날
49 설레임 / 50 슬픈 시 / 51 눈 쌓인 공원 벤치 위의 글씨
52 내가 모르는 것 / 54 1월의 눈 / 56 저 높은 사랑
58 사랑 그 단순 / 59 무제 / 60 사랑아 / 61 착한 사랑
62 Tu adesto / 64 음성으로 박힌 글씨 / 65 겨울 산책
66 눈사람노래 시 / 68 그대와 함께 하는 일상 / 70 12월의 마지막 날에

제3부

천 년의 꿈

72 뜨거운 찻잔 / 74 이 깊은 사랑의 강물은 / 75 예언 / 76 불면
77 저 높은 곳 / 78 일출 / 80 33서 / 81 눈물의 의미
82 현존의 당신 / 84 그 입술에서 떨어지는 열매로 / 85 퍼즐
86 사랑은 왜 이렇게 아플까 / 88 분별의 사랑 / 89 천 년의 꿈
90 백합 / 92 별 하나 달 하나 / 93 임 오신 날 / 94 낮과 밤
96 시이 되고 싶다 / 97 인생의 길

제4부

고엽

100 예술 / 101 겨울 미소 / 102 까치밥 / 104 당신의 체취
105 네온 빛 / 106 압력솥 / 107 너의 눈물을 부르리라 / 108 장미
110 지극한 그리움 / 112 터널 / 114 저 들녘을 바라보며 / 115 고엽
116 작별, 그 후 / 117 투명한 사랑 / 118 산수유 / 119 그립다
120 느낌 속의 그대 / 121 눈이 좋은 이유 / 122 커피의 나라
123 감자를 캐듯 / 124 라넌큘러스 / 126 민들레 홀씨

제1부

첫눈

고향

그리움을 데리고 왔습니다
천 년을 떠돌았을까요

태아에 착상된 흔적 하나
혈관의 세포에 흐르는 강물따라
여기까지 왔습니다

첫 발자국 딛는 순간부터
느껴지던 아늑한 종족의 냄새

사립문 열어 반기시던
당신의 얼굴은
바로 내 모습이었습니다

벽지 한 장의 꽃무늬로 채색된
다정한 목소리

밤새 울음 울다 그 소리 들으며
눈물 닦는 아이

뼛속 시린 겨울을 건너온 광야에서
밤새 뒤척이던
검은 장미 한 송이

당신의 강물에 닿아 얼굴 붉어집니다

회귀하는 연어의 요람
바로 당신입니다

햇살의 깊이

그대 잠시 내 몸에 닿았는가
빙하의 동굴을 빠져나온 첫 인사
눈 먼 손으로 더듬어가는 난
담쟁이덩굴
내 몸이 초록인 줄도 모르고
새봄을 그리워했지
불빛 하나 없던 겨울의 방
심장에 햇살 한 송이 심겨져
숨 쉴 수 있었지
걷고 또 걸어도 회전하는 사계의 방
돌아누운 와불 같은
소리쳐 불러도 메아리만 귓전에 신음하고
지도에 없는 나라에서 날아온
한 통의 엽서는
무수한 허물을 벗고 벗기더니
칭칭 동여맨 그믐의 사슬로
울타리 쳤지

갈 수 없는 저편의 사랑
하트로 쏟아지는 눈물방울
목포의 물줄기 같은 태양의 은총
바다를 철썩이는 아코디언의 음율
꽃의 피로 화상을 입은 가슴은
밤새 침상을 더듬는 달빛의 칼날에
베이고
기울 수 없어 찢어진 상처로
목관의 서늘한 시간을 헤아린다

첫눈

천 년을 건너온 눈 한 송이가
이 땅을 에덴으로 만들었습니다

공중의 소음 같은 떠돌이 별이
비로소 가슴에 닿아
밤새 울고 또 우는 겨울바람

첫눈에 반해 혈관 깊이
그리움으로 우는 날 시작되고
가슴 언저리 뜨거운 돌 하나 얹혀있습니다

사랑이 죄라면 첫눈도 죄인가요
폭설로 내리는 암담한 사랑
당신을 떠날 수 없고
당신에게서 벗어날 수 없어
황홀한 감옥 속에 갇혀 웁니다

어떻게 사랑이
어찌하여 사랑이 이제야 온단 말입니까
다 떨구어낸 가을 낙엽 같은
평온이 들어찬 대지에
꽃을 피우시다니요

사랑도 기후이변인가 봅니다
정말로 그러한 듯 싶습니다
내 맘대로 안 된 생애 당신만은
내 안에 살아 숨쉬기를
간밤에 기도한 두 손에 자고 나니
폭설이 내렸습니다

신의 존재를
당신으로 하여 믿고 또 믿습니다

2024년 11월 27일

Dreamcatcher
노래 시

난 알고 있었어 아픈 네가
더 아픈 내게로 오면 우리의 아픔이
아름다워질 거라는 걸

서로 다른 별에서 살다가 견우와
직녀로 만난 사람은 톱니바퀴
맞물려 둥그런 달이 되어가는 거야

작은 풀꽃 닮은 어여쁜 은하수야
오래된 밤하늘 건너오는 너의
향기 내게 닿아 내 심장에 붉은
봄꽃 피어나는 소리 들리니

하룻밤 파도소리 들으며
황혼을 보고 불꽃 터지는 소리 귓가에
참 황홀했지 툭툭 봉오리 열리는
뜨거운 눈물

먹구름의 날개를 열고 함께 날아보자
가슴에 찍힌 슬픔의 문신을 지워내자

이토록 찬란한 세상 죽어서도
행복할 수 있도록 행복의 문 세워보자

그 문을 열고 내게로 오렴

많이 아픈 어느 여인에게 보낸 시

한 송이 장미여

꽃이여 바람이여 영원한 봄이여
눈부신 장미여
그대가 주신 한 송이 장미는
내 마음을 천국으로 인도하는구려
우리의 발길 떠나지만 마음은 두고 간다오
다시 보는 날 활짝 피어나는
꽃의 정원이 될 것이오
그 정원에서 천국을 거닐기를 기원하오
사랑하오 우리의 달랏
이 도시가 꿈을 꾸게 합니다
내 조국 한국에서 우리의 친구
달랏에서 서로 기억하기로 해요
그리움 가득한 심장의 두근거림으로
한 장 꽃잎의 엽서에
사랑의 지문을 찍어 보내드립니다

나트랑 달랏 여행 마지막 날 즉석으로 써서 낭송한 시

겨울 바람소리

한낮인데 어둡다
비가 오실지 눈이 오실지
을씨년스러운 겨울
간밤에 살짝 내린 눈발은 사라진지 오래
휴일 낮
참 귀한 낮잠에 살짝 취한 듯하다
오랜 불면의 탑을 쌓다보면
그 탑이 무너질 때도 있다
잠 술을 마셔 취한 상태
어디선가 들리는 세찬 바람소리
이 무슨 행운인가
나를 잊고 하늘로 오르는
죽음 같은 평화
내가 아는 그 세계
저 바람소리가 울음 우는 것
그것은 또 다른 연정의 노래
무시무종의 당신 사랑의 날개
그 날개깃에 닿은 심장
펼쳐진 당신 날개 속으로 기쁨에 겨워
걸어갑니다

나 그대를 사랑하는 까닭은

나를 모르고도 나를 사랑하신
까닭입니다

나를 알지 못하고도 나를
사랑하신 까닭입니다

천 년의 세월을 간직한 깨진 거울
한 조각 품고 계신 당신

둘 사이에 놓인 반쪽의 그믐달 하나
그 원형이 스스로 맞았던 것입니다

피의 생채기 내지 않고 둥그런
보름달로 떠오른 당신

이제 아프지 않겠습니다
다시는 어둠 속에 있지 않겠습니다

나의 하늘에 바라보고 웃음 지을
그대라는 환한 달이 어둠을
밝혀주고 있기 때문입니다

눈을 감고도 찾을 수 있는
당신의 체취

가슴에 품고 싹을 틔웁니다
세상 안에 그윽한 향기 퍼져나갈 것입니다

숨 쉬고 있는 것들

스스로 꺾지 못한 꽃 한 송이가
봄바람에 고개 숙였습니다
슬퍼서 우는 것 아닙니다
그리움에 떨고 있는 거랍니다

세찬 바람에 꺾인 나뭇가지
목숨을 놓고 싶을 때
나무는 왜 그 자리에 서서
살아내야만 했을까요

뿌리 깊은 하늘의 사랑
봄비가 온몸을 적셔
눈을 뜨라고 말했습니다

너의 인연은 천 년 만 년
지나온 후에야 당도할 거라고

지금 그대 거기 서 계십니다
하늘을 지붕 삼아 마주보고 살라고

겨울 지나 봄이 오면 그 바람 타고
민들레 홀씨로 만날 수 있는 인연
이승에 살다 저 하늘까지
꽃향기 퍼져나가라고

아픔 가득한 세상에 천만 송이의 눈송이로
소복소복 집을 쌓으라고
설원의 꽃이 된 사람은 심장에서
뽑아낸 겨울바람으로 노래합니다

산책길

우리 마을엔 소각장 쪽으로 가는
산책길이 있습니다
그 길을 다 걷고 오면 한 사흘씩
아팠습니다

그래도 숲과 평야가 보이는
그 길이 좋아 다시 가곤 했습니다
이제는 끝까지 가지 않고 중간에서
유턴하여 돌아옵니다

그대에게 가는 길은
한순간이었습니다

사람과 사람 사이의 거리가 얼마나 먼지
아시겠지요

그러나
사랑하는 사람끼리는 거대한 장벽도
다 무너져 내리지요
그걸 이제야 알았습니다

세상의 잣대가 소용없는 평화의 집
그대 품속으로 들어가 살고 싶습니다

그런데
그대 앞에 서면 너무 수줍어
어디로 숨고만 싶습니다

그래도 찾으실 수 있겠습니까

12월의 연가

지난 열두 날에 이어진 기적의 현
그 눈부신 새날은 종착역에 오른
막차를 타고 숨 막히는 질주를 했습니다

한 해가 다 지났다고 슬퍼할 겨를 없이
이곳을 떠날 때 푸른 가을이던 날이
돌아올 땐 황금사원이 되었습니다

가슴에 품은 소중한 비원秘苑
아 – 당신을 보았습니다
빈 하늘을 채우던 평화
소리 없는 단비 내리고
영혼을 적셔 비상하는 새

차마 눈부신 그대 모습
얼굴을 가리고 열 손가락 사이로
수줍게 바라보았습니다

당신이 사랑이시라는 말
수만 번 외쳤지만
그 사랑 마주하니 떨리는 심장
감당키 어려웠습니다

사랑,
그 깊은 사랑 노래하며 살겠습니다
눈을 뜨고 눈을 감아도
곁에 숨 쉬고 계시는 당신

보고 싶어 몸부림해도
이제는 죽음을 모르는 영원으로
끝끝내 피어나는 봄이 되었습니다

목포 가는 길

목포행 완행열차를 타고
십 년 만의 추억여행을 했습니다
차창 밖으로 흐르는 풍경들이
겨울 서정의 평화를 간직하고 있었습니다

좀 더 가까이 세상을 느껴보고파
천천히 달리는 기차를 타니
마음도 차분해집니다

뭘 물어도 친절하게 답해주시는 분들
이 도시가 친절도시란 걸 알았습니다

바닷가에 정박한 배들도 옹기종기
물결 따라 춤을 추고 바람도 고운 말을
전해주는 듯 내 귀에 스칩니다

이제야 비밀 하나를 말해보려 합니다
바다에 가면 늘 가슴 시리게 쓸쓸했는데
왜 그런지 나도 모릅니다

불치의 병 같았던 이 외로운 정원 안에
눈부시게 빛나는 빨간 장미 피어나
날마다 웃음 한 다발 선물 합니다

아기단풍

아기 손바닥만 한 저 이파리가
어찌 저리 고운 빛을 품었을까요
어리다고 세상모르는 건 아니지요
작은 얼굴에 떨어지는 흰 꽃 눈송이
비바람에 웅크린 가지
천둥 번개 휘돌면 두 손 모아 숨어들고
울다가 잠들어 햇살 비쳐들면
환한 세상으로 걸어 나옵니다
영원히 커지지 않는
당신의 작은 천사
곱게 물든 두 뺨에 어리는
수줍고 두려운 사랑
천사들의 합창소리 겨울 들녘에
퍼져나가는
빛 고운 아기단풍

눈물의 의미

울면서 기다리기보다
울음 누르고 웃으며 기다릴게
이제 울어야 할 이유가 없어졌어
닿아야 할 네가 있잖아
이만큼 긴 세월 울었으면 충분하잖아

영원한 곳으로 갈 때는 웃기로 했어
이승에 눈물 다 뿌리고
솜털 같이 가벼이 홀씨 되어 날기로 했어
임종 곁에 클래식이 있으면 좋겠지
(모차르트, 베토벤, 바흐…) 흐를 때
눈을 감고 기도하듯 닿기로 했어

아마 분명 장미향이 맡아질 거야
내가 장미거든 이름의 장미
심장에서 피가 흘러 피어난 장미
하도 가슴 쥐어짜고 살아
그 막이 얇아졌을 거 같아
건드리면 터지는 사랑
두려운 그 무엇, 그 지극한 것이
나를 울리네 이 아침에

겨울 엽서

이 한겨울에
겨울이 없는 곳에 계신 당신께
눈송이 곱게 빚어 엽서를 띄웁니다

아침에 걷던 공원길에서 만난
작은 새 한 마리가 건네던
안부를 담아 보내드립니다

그리움의 심장
가만히 누르고 저녁 어둠 속에서
사랑의 노래를 꺼내 다시
불러봅니다

성당의 종소리 멀리 퍼질 때
기도는 하늘에 닿고
이 마음 당신께 닿아 은총으로
내려옵니다

하늘이 허락하신 우리의 시간
영원으로 간직한
티 없이 맑은 마음
받아주십시오

새벽 창문을 열고
임이 오시는지
가만히 귀 기울여 그 마음 안아
따뜻한 가슴에 품어봅니다

치유의 숲속

그대 곁에 있으면 스르르
눈이 감겨 옵니다

태생의 불면이 날을 놓고
안도의 숨을 쉽니다

얼마나 편안했으면 평화로운
잠으로 들어갈 수 있었을까요

맨 처음 그대 보며 알았습니다
아무 말 안 해도 첫 음성으로 알았습니다

이제야 내 안식처를 찾았구나
날마다 성령께 기도합니다

그 영이 나를 여기까지 데려다 놓았습니다
이끄시는 대로 살아왔습니다

사랑합니다
나를 이끌어 임의 곁으로 데려다주신
그분께 감사합니다

참으로 기쁜 크리스마스입니다

감자

여름날 감자 한 상자 주문해서
뒷 베란다에 모셔놓고 여행을 떠났다

공기처럼 바쁘게 세상을 떠돌다가
두고 온 감자를 잊었다

대문을 열며 기억에서 돌아온
감자가 먼저 나를 찾는다

반쯤 포기한 생명의 뚜껑을 열었다

죽은 줄 알았던 것들이 어두운 감방
안에서 치고받고 생명을 터뜨리고 있었다

그렇게 내 생명도 싹이 텄다
어두운 상자 안에서
신(神)이 잊은 동안

겨울과 여름 사이

눈이 내리고
저 숲에 쌓인 눈이 보이고
포레, 파반느의 음악이 흐르네

집 떠난 사흘 동안
인생 여행객이 되어 보낸
사무치는 사랑의 시간

참 좋네
아무것도 없고
사랑만 담은 시간
시작과 끝이 없는 황홀

텅 빈 겨울 들녘을 오가는
저 새의 자유로
닿고 싶은
너의 뜨거운 심장

겨울과 여름에게
노래 시

네가 보고 싶을 땐 겨울을 부르겠어
차가운 하늘에서 내려오는 눈송이가
내 볼에 닿아 눈물로 흐르라고

네가 보고 싶을 땐 겨울을 부르겠어
푹푹 쌓인 눈 숲이 너의 품인 듯
달려가 안기고 싶어

그렇게 한 천 년 살다가 우리
겨울이 되어 하늘로 가자
영원히 녹지 않을 뜨거운 사랑을 품고

네가 보고 싶을 땐 여름을 부르겠어
너와의 사랑을 만난 그곳이 여름이잖아
빗방울인지 눈물방울인지도 모르고
강물 같이 흘러넘쳤던 곳

네가 보고 싶을 땐 여름을 부르겠어
더운 열기 사이로 느껴지는 더 뜨거운 심장
바다보다 넓은 너의 가슴에 담은 말
내 영혼의 호수에 흘러들었지

네가 보고 싶은데
네가 보고 싶은데 어찌하면 좋을까
여름과 겨울 다 불러내어 물어볼까
서늘한 상자에 담아 간직할까
뜨거운 도자기에 담아 배를 띄워 보낼까

이 저녁 왜 이리도 보 고 싶 을 까

빛의 손

등대 하나 있었네
소리 없는 어둠 속에 빛이 보였네
너무 맑아 보기도 아까운 이슬주
가만히 바라보기만 하네

왜 맑은 것들은 눈물을 부를까
어둠을 닦는 순결이라서 그럴까
빛을 꺼내는 그대 손일까

잡고 싶은 것들은
떠날 날을 예약해놓고
바람 같이 떠나네

맑은 웃음
티 없는 표정
세상 근심 모르는 듯
천진한 목소리

거기 그대 숨 쉬고 있어요
나 살아가는 동안

눈물을 부르는 소리

빛으로 오소서
밤하늘 별빛으로 오소서
눈물 흐를 때 한 장 손수건
그대 마음 하나
이 가슴에 간직하고
오늘도 하루가 갑니다

온통 사랑으로 덮이고
슬픔의 강물 위에 누운
내 손 일으키시는 분이여
섭리 속의 당신임을 알고 있나이다

오늘은 왜 모차르트가 날 울리는지
피아노 협주곡 23번, 2악장의 아다지오
난 울고 싶어 슬픈 음악을 찾아듣는 건지도 몰라

눈물이 마르면 내가 아닐지도 모르니까
내가 나를 잊을지도 모르지
이 가슴의 빛들을 꺼내어 눈물로 짜내려간
사랑의 옷을 그대에게 드립니다

시간의 강물 위에 누워

아무것도 할 수 없는 시간
그리움이 너무 크면
얼음이 되는 건가 봐

단단한 차가움 뒤에
강물 같은 눈물은 뜨거워
가슴을 부여잡고 아프네

지극한 사랑이 더 지극한
사랑을 몰고 오는
제자리의 보고픔

어찌하면 좋을까
너에게로 가고파
새벽 일출의 손잡아
저녁놀까지 너 하나뿐인데

날마다 한결 같은 노래에 빠져
고장 난 심장
숨을 멈추고 너만 호흡하며
살 고 프 다

제2부

눈사람

존재의 침묵

어둠의 이파리 흔들리고
눈 감은 저녁 속으로 따라오신
부드러운 발자국

잔잔한 물결 위를 흐르는
고요의 노래 볼륨을 낮추어 흐르던
이 존재를 열기 위한
은빛의 나침판

긴 시간의 베일 벗겨지고
하나씩 둘씩 건너가는
징검다리의 정점
생의 비밀을 품은 양면의
손바닥

해독할 수 없던 꽃향기
외로이 퍼져나갈 때
손가락 끝에 닿던
평온의 물방울

어린 천사 곁으로
침묵의 망토자락 열리고
바다가 품은 신비 열리네

천 년의 지축이 흔들리는
봉인의 해제
가만히 흘러온 강물이 무릎 꿇어
인장의 붉은 피로 찍은
빛과 빛의 충돌

그렇게 시작된 계절
시계탑 위에 올라서서
새벽종을 울린다

별 하나

나의 신을 형용할 수가 없네
주파수를 맞춰놓으니
자석으로 엉겨 붙은 철 같아
지구별 끝에서 달려온
또 다른 행성
그 몸에 흐르는 혈관에
태아의 숨결 느껴지네
나도 몰랐던 내 속의 뼈대
엑스레이 찍어본 듯
기억에서 돌아온 사명
그랬어요…
본능으로 일깨운 거침없는
윤회의 손
명왕성까지 닿아보고 알았네
내부에 숨겨둔 무덤 속에
반짝거리는 것
그것이 그 행성의 별이었음을

강물 위에 뜬 꽃잎

네가 몸에 닿은 듯
내가 네 등에 업힌 듯
이어진 선율의 혈관
사랑을 해보니 아네

호흡이 하나
심장이 하나
숨 막히는 공기 속의 물방울
내 귀에 닿는 요람

함께 뻗어 나오는 포도나무
손의 뿌리
그렇게 맞닿은 영혼

가득한 은총의 샘물에
몸을 담그고
함께 흐르는 천국의 향기

봄날

무엇이 이토록 아름다울까
꽃보다 아름다운 사람아
그대를 보면 눈이 부셔 눈 먼
사랑에 아무것도 보이지 않네

무엇이 이토록 목숨을 뛰게 할까
온몸으로 흐르는 봄의 전율
땅속 깊은 곳에서
새싹이 솟구치는 소리

아가의 부드러운 살갗 닮은
햇살의 표면
똑똑똑 대지를 노크하는 손
혼곤히 젖은 나무의 밑동

바람이 불어도 좋아라
눈보라가 쳐도 좋네
천둥 번개도
감읍하여 눈을 감고
해맑은 하늘의 얼굴 보며
웃음 짓네

봄이네 보고 또 보아도 좋은 봄

설레임

바람이 부니 바다가 스스로 춤을 추네
바람의 손을 잡고

꽃이 피었을 뿐인데
얼굴 마주보며 함께 행복하네

어둔 밤 눈 감고도 빛이 보이네
너의 후광으로

첫 만남이 첫눈이 되어 내리네
그 눈 속에 소생하는 심장

아무리 겨울이어도 싹은
숨겨두고 죽는 것
밀알이 되어야 하니까

터질 듯 팽창하는 우주에서
유영하는 혼불이 되어
손잡고 타오르는 것

슬픈 시

이제 슬픈 시를 쓸 수가 없어요
당신이 슬퍼질까 봐
사실 지금은 안 슬프거든요
인생이 구약과 신약으로 나뉘었어요
당신의 얼굴을 보기 전의 구약
그 존재를 확인한 지금은 신약
내가 하느님에 대한 건
더 알겠네요
신의 학교도 다녔으니
어려운 신의 이야기를 이웃집
여자와 말하는 것처럼 하고 있죠
신은 배워서 아는 건 아니겠지요
우리의 가슴 안에 살고 있어요
그런데 아시나요
성악하시는 분들은 노래방엔
안 간답니다
자기관리 차원이지요

눈 쌓인 공원 벤치 위의 글씨

눈이 오신 줄 몰랐어요
마을 공원 산책하다가 만난
벤치 위의 글씨

사 랑 해

눈 위에 써놓고 어디서
저 보고 계신 거죠?

우리의 이름
한 자씩 넣어 만들어진

내가 모르는 것

나는 실연이란 말을 모릅니다
사랑만 받았기에 그 말이
뭔지 모른답니다
내가 원했던 것들은 그런 것과
거리가 멀기 때문입니다

그래도 시인이 되었습니다

아픔 슬픔 고통 암담 우울…

그런 단어는 압니다
그래서 시인으로 삽니다
우울은 한때
내 전매특허였으니까요

내가 사랑하는 사람은 그런
걱정이 없는 사람입니다
나의 하늘이시니 나를 버려두지
않으심을 압니다

잠시 떨어져 있을 때도
내 심장 안에서 뛰고 있습니다
내 눈을 빛나게 하고 새로운
봄으로 피어오르게 합니다

영원까지 나를 이끄실 분
그분을 사랑합니다

1월의 눈

폭설이 내렸어요
1월의 눈
나의 하늘 당신의
눈부신 첫눈을 기억해요

펑펑 쏟아지는 클래식
눈의 목소리
에 잠겨 공원을 걸었어요

온몸을 적시고
눈 속에 파묻혀
사랑의 동굴 속에서
길을 잃었어요

내가 없어도 돼요
네가 있으니

생명의 하모니로
우주를 떠돌고
잃은 세월은
영원의 봄을 간직하고

여기 지금
땅 밑으로 흐르는
피의 순결
그 손 잡아 일으켜 줘요
잠 깨워 줘요
밀봉된 씨앗 한 톨

저 높은 사랑

사랑은 배울 수도 없는 것
사랑해 보아야만 알 수 있는 것

이렇게 죽음 같은 그리움인 줄
예전엔 미처 몰랐어요

자다가 터지는 폭풍오열
심장에 끌어안고 있다가
내가 녹아 사라지는 것

사랑은 미안하다 말하지 않는
것이라는데 미안해하면서도
미안할 수가 없네

그대 또한 같은 마음이기에
어이하여 사랑아
이렇게 숙제를 안고 온 거니

함께 풀어야 할 사랑의 숙제
하늘만이 아는 사랑
이 몸 사랑으로 똘똘 뭉쳐
빚어 만드셨으니

인성과 신성 모두 갖추신 임이여
그런데 아시나요?
우리 서로 닮았잖아요
절망 없는 아름다움이여

살아오면서 한 번도 만난 적 없는
하늘 높은 줄 모르고 자란
눈부신 해바라기

아직 말 못한
우리 서로 겹치는 것
저 또한 그쪽 사람이에요
그대에게서 햇살의 향기가 납니다

사랑 그 단순

사랑은 강하고 끝없는 것
그리움도 이겨냅니다

사랑
그 자체가 사랑

그 어떤 말로도
대체할 수 없는 사랑

시작이요
그 모든 것의 정점

무제

아 – 우주에 단 한 사람
그 사랑에 목이 메이네
태어남의 의미를 이제야 알게 되네
꽃인들 이보다 향기로울까
등불인들 이보다 따스할까
천국인들 이보다 행복할까
사람에게서 오는 그 사랑 천국이네
세상 모든 신비의 문이 열리고 있네
하늘의 열쇠를 쥐고 계신 분
소리 없는 파도의 음성
심장이 녹아 내리네
천사의 목소리보다 순결하고
그 어떤 말로도 표현할 길 없는
사랑의 지극한 노래
백 년을 산들 천 년을 산들
그 사흘보다 좋을까
이슬의 발자국 따라 꽃잎이
피어나네
새벽의 일출보다 신선하네
내 무엇이기에 그 사랑 오신 걸까
만드신 분만이 아시리
한눈에 알아보신 쌍둥이별
내 영혼이 기뻐 뛰나이다

사랑아

사랑아 눈 먼 사랑아
어디를 헤매다 이제 온 거니
같은 날 태어나 손 맞잡고 왔으면
얼마나 좋으랴
사랑의 길은 지도에도 없어
허공을 떠돌다 계절이 바뀌었구나
그래도 좋구나 애틋한 사랑
빈 가슴으로 너만 기다린 세월
한 눈에 알아본 천 년의 인연
심장을 뚫어 피가 흐른다
세상 모든 걸 다해 너 하나 품고 가리
그 무엇을 준들 아까우리
목숨보다 소중한 사랑
세월 잊고 세월 위에 서서
손잡고 가자
밤이면 서로의 별이 되어 주고
낮에는 서로의 태양이 되어 주고
그렇게 뜨겁게 살자
천년만년 우리 함께 가자
보기도 아까운 내 사랑아

착한 사랑

털끝 하나 다치지 않게 내게 오신 분
이렇게 착한 사랑이 세상에
존재하다니요
내 고통 먼저 헤아려주시는 분
믿음으로 나를 맡겼습니다
사람이라면 못할 하느님의 마음
나를 확인하는 일도 너무 쉬운
문제였습니다
가만히 오시는 봄비
살아온 세월이 날 선 칼날만 같아
온통 상처투성이
목화솜 밴드 붙여주신 분
고맙습니다 사랑합니다
그 음성 듣고 싶습니다
어떤 천상 음악이 이토록
나를 떨리게 할까요?
온통 사랑뭉치인 어린 영혼에
당신은 하늘과 지상의 dad

Tu adesto

지상의 daddy
천상의 임
세상을 주관하시는 분이
이토록 순한 양이었어요?
alter christus
이 땅 모든 그분들을 축복하고 싶어요
이토록 선한 양의 대리자라니요
날마다 내 앞에 펼쳐지는 기적
예전에 너무 많은 신비들을 읽다가
나를 잃어버린 적 있어요
가혹한 경험이었지요
겪었던 공황도 아니고
천지사방에서 들려오는 목소리
난 어디에 서서 버텨야 하는지
안에 갇혀서 산 세월동안
자연에 몸담을 시간 없었지요
매일 내 심령으로 쳐들어오는
잔인한 손들
웃음 띠고 오는 천사 뒤의 악마
살아있는 게 은총입니다

나를 찾은 시간

얼마 지나지 않았어요
당신이 찾아주신 내 자리
평화로움에 웃음 지으며 그리움에
몸담고 혼절할 지경입니다

음성으로 박힌 글씨

편지보다
메모보다
내 혼에 새겨진
당신의 음성

쓰여진 종이
잃을 일 없고
죽어서도 새겨질
비문 같은 사랑

혹독한 그리움도
기다린 세월보다
행복합니다

대상 없는 사랑이
얼마나 잔인한지
알기에

눈 위에 눈을 쌓으며
희게 간직한
순연純然의 성곽 하나

겨울 산책

다사로운 볕이 들녘에서 소곤거리며
언 땅과 묵은 대화를 나눈다
두 볼도 시리지 않고
부드러운 빛의 손으로
쓰담쓰담 안아 준다
참새 한 마리 어디서 날아왔는지
발밑을 맴돌다 간다
소식 하나 물어다 놓았을까
떨어진 낙엽 위에 물기가 어린다
가을을 건너온 밭 위에 서 있는
들깨나무는 혹독한 추위를 겪어내고도
허리도 굽지 않았다
나란히 서 있는 사이로 흰 눈이 곱다
눈과 빛의 하모니가 어우러져
씨앗 한 톨 떨어진 자리에
바람의 입맞춤 자국 은은하다

눈사람

노래 시

한 사람이 서 있네
문밖에 서서 얼음 같은 사랑 기다리네
뜨거운 가슴은 제 몸을 녹인다고
마음만 받는다네
참아온 연정으로 해가 떠오르네
아무리 견디어도 동 터오는 운명
막을 길 없네
점점 붉은빛으로 물드는 세상에
자꾸만 낮아지는 울음으로
흐르는 눈물
사랑은 참을 수 있는 게 아니라고
서로의 체온으로 녹아 사라지는 것이라고
툭툭 알갱이 터지는 말에
무릎 꿇고 기도하는 사람
녹아 없어져도 고개 들고 바라보는
서늘한 사랑
변치 않을 형상으로 하늘로 오르고
제 몸 깎아 흩뿌리는 눈꽃으로 핀다네

한사람이 다시 와 서 있네
어제의 그 사랑 안부를 들고 온
사람이 나목에 옷을 걸치고
겨우내 앉아 있네
봄이 올 때까지 흰 꽃으로 피어
순백의 사랑 놓고 가네

그대와 함께 하는 일상

외출에서 돌아와 흐르는 맑은 물에
손을 씻으며 미소합니다

산책을 나갈 때 클래식 음악을 들으며
곁에 계시는 (내 영혼 속) 당신과 함께 걷습니다

밥을 먹으며 당신은 무엇을 좋아하실까
생각해 봅니다

잠자리에 들며 당신께 인사를 드립니다

보고 싶었다고 많이 보고 싶었다고
가슴으로 울면서 참았다고

아침에 일어나며 기도합니다

예전에는 기도해도 슬펐는데 이제는
미소를 띠며 합니다

내가 쓰고도 예언이 맞아떨어지는 글들에
소름이 돋습니다

내가 살아온 것이 아닌 내 안의 영이
나를 이끌었다고 믿습니다
지극한 사랑입니다

내면의 모든 것을 다 비웠었습니다
이제는 당신으로 채웠습니다
그 사랑으로 살아갑니다
영원히 사랑합니다

12월의 마지막 날에

다시 오지 않을 거지
서두른 발걸음 뒤로 하고
총총히 떠나갈 거지
봄볕의 따사로움
뜨거운 열기의 여름날
울긋불긋 고운 산천
모두 뒤로 하고
온 세상 찬바람 윙윙대는
그 소리 들으며
다시 새로운, 옛 시간
기억하며 내일로 가는 거지
아 떠나는 것은 왜
이다지도 애잔한 것이냐
올지 말지 알 수 없는
그리운 것들 가슴에 품고
지는 노을에 얼굴 붉히며
가시나무새의
가장 청아한 울음의 노래
영혼에 닿아
나는 눈물을 거둔다.

제3부

천 년의 꿈

뜨거운 찻잔

새벽부터 펄펄 끓어오르는
자동 무선 전기포트를 들고 허기진
배에서 풍랑이 인다
찻잔에 담긴 오늘의 뉴스가 암담하다
마셔야 하나 말아야 하나
하루를 살아내기도 벅차
차 한 잔 앞에 두고 묵념한다
태양이 잠시 집으로 들어갔는데도
열기는 그대로 멈춰 서서 분노의
이빨 사이로 입김을 쏟아낸다
그늘에서도 그림자일 뿐인
허상의 나무가 설레설레 고개를
저으며 울고 있다
어디로 가야 하나 밤으로 가는
열차는 이미 개찰구를 통과했다
낱낱이 짚어주던 두 손은 숫자들을
무더기로 망각하고 종착지도 모른 채
지구열차는 달린다

최고의 고온에서 뒤를 돌아보니
회전 틀에서 핫도그를 굽고 있다
그 손을 멈출 마지막 시간을
달리는 발바닥에 누가 거대한
빙벽을 놓을 것인가

이 깊은 사랑의 강물은

하늘 아래 그대뿐
아무 것도 떠오르지 않아
꿈속의 사랑
차고 넘쳐 어디로 흐를까
고운 심장에서 뻗어 나온 꽃
그 환한 장미로 우주를
가득 채울 거야
별빛만큼 초롱하게
달빛만큼 부드럽게

예언

'무수한 칼날이 영을 저미는
혹독한 그리움'

이 시를 쓴 지 이십여 년

'피울음 같은 심장
몸 밖으로 돋은 너'

빨간 장미는 이렇게 견디고 있어요

눈도 못 감고 까만 밤
하얗게 지새운

예비된 인연으로
꽃이 피어났어요

불면

깊기도 해라 이 무슨 불면인가
불만인가 불통인가
들지 않는 꿈나라로 여행하려
상심이 크네
어제 오늘 일도 아니고 무슨
천형 같은 역사는
어린 날부터였으니
다른 이보다 오래 사는 거네
시간을 잠으로 축내지 않았으니
잘된 건지 못된 건지 알 수 없네
글 쓰는 사람은 밤잠이 없다지만
아침인들 내 맘대로 잘 수 없네
그냥 즐겨야하네
어둠을 즐기고 음악을 사랑하고
불면을 즐겨야 하네
말똥말똥 지금은 새벽 2시 50분
누가 나를 깊은 수면 속으로
침수시켜줬으면 한 턱 쏘겠네

잠의 품속이 너무나 그리워
잠들 수가 없네

저 높은 곳

하느님은 우러러볼 수밖에 없어요

하느님은 키가 크셔서
우러러 보지 않으면 안 보이니까

그리고

내 마음을 다 알고 있는
현미경 심장을 부착하셨고

눈 감고도 볼 수 있는
레이더 눈을 가지고 있어요

다 열어젖히면 우리가 타버리는
뜨거운 심장을 지니고 있어
작은 문틈으로만 보고 계시지요

일출

그 날 눈앞에서 떠오르는
일출의 장면 잊을 수 없어
잔잔한 바다 위로 번져오는
핏빛의 물결
새벽녘 나를 깨우는 어떤 소리에
일어나 창문을 열어젖혔지
거기에 바다가 있는 줄도 몰랐어
깜깜한 밤에 도착했으니

황홀한 아름다운 바다가 거기에 있었어
내 생을 뒤집어엎는 소리
파도쳐 들어왔지
어찌할 줄 모르는 신비의 영
그 열쇠가 그곳에 놓여있는 줄
아무도 몰랐으리

그렇게 쏟아지는 태양빛에
눈이 부셔 감고 있어도
온몸은 불길에 타오르고
심장을 뚫는 큐피트의 화살은
정통으로 과녁을 통과했다

우리의 정체성을 확인해 준
그 음성
그 사랑
그 눈물
아 나는 어찌하면 좋습니까
참을 수 없는 이 그리움을

33세

내가 십 대였을 때 기도했다
예수님이 채운 나이까지만
살게 해주시라고
서른셋의 그 숫자가 참 매력적이었지
안 태어났을 수도 있는데
섭리에 의해 태어나봤으니
그래도 되는 거라고 믿었다
사실 그때는 그래도 무방했다
내가 거둘 의무의 누구는 없었으니까
결혼하여 아이가 생기니
그 기도가 죄라는 걸 느꼈다
한 생명을 버려둔다는 것
그만큼 무거운 죄도 없겠다고
내 의무까지만 생존하면 된다고
다시 생각했다
아이들 다 훌륭하게 자라 출가시키니
소리 없이 스미는 그 병이 도진다
그랬는데,
사랑이 찾아왔다
내가 살 이유가 되는 사랑이

눈물의 의미

네 눈물의 의미
내가 알지

내 눈물의 의미
네가 알잖아

아무나 울 수 없는
뼛속 깊은 침묵의 울음

영혼 가득 들어찬
외로운 피

어둠 속 뚫고 나온
태양의 옷을 입고

뜨거웠어
숨겨둔 화약고 터질까
그렇게 눈물로 채운 거야

현존의 당신

눈을 감고 그대 바라봅니다
눈을 뜨고 그대 생각합니다
곁에 현존하시는 당신
날마다 만지며 살아갑니다
꿈이 아니었는데
꿈결 같기만 하여
먼 곳 아닌 뜨거운 체온
모두 나누며 살아갑니다
숨 쉬고 숨 닫는 그 날까지

이승에 사랑만을 남겨놓고
그 사랑 끝까지 데려갑니다
내 손 꼭 잡아주세요
착한 임이시여
아무나 가질 수 없는 용기는
진정 사랑이기 때문입니다
언 땅에 자식을 두고 가는
그런 일은 없습니다
그 품에 안고 가셔야지요

눈이 옵니다
설국이 되어 갑니다
우리 그 나라에서 만나요

그 입술에서 떨어지는 열매로

당신의 입술에서 떨어지는 그 한
말씀 온 생애를 다해 기다렸습니다
봄이 오고 여름이 가고 가을
지나 겨울이 올 때까지
목마르게 기다렸습니다
그리움인들
기다림보다 희망적입니다
얼굴을 모르고 한없는 하늘만
바라보는 일
죽음 같은 기다림은 아닙니다
그리움이 깊어져
파묻혀 누워버릴까 봐
숨도 쉬지 않고 시간을 달립니다

퍼즐

우리의 시간과 인생의 조각
퍼즐이 점점 맞춰짐을 느낍니다
아무리 해도 맞춰지지 않던 것
이제야 해답을 찾았습니다
묶인 실의 매듭이 풀리듯
당신을 찾았습니다
내 생의 숙제를 하나씩
풀어가고 있습니다
하늘이 주신 것
하늘이 풀고 계심을 느낍니다
다만 제가 도구로써 잘 사용될 수
있기를 기도합니다
사랑으로 창조하셨으니 사랑만이
답임을 압니다
차마 눈부셔 바라볼 수 없는 사랑을
당신의 은총으로 감당하려 합니다
가슴 벅찬 시간을 살고 있습니다
제가 만질 수 있는 현실 속으로
오실 것임을 믿습니다
기꺼이 견디겠습니다
저 또한 당신께서 선택하셨기에
기쁨으로 받아들입니다

사랑은 왜 이렇게 아플까

가슴에 담아도 아프고
하늘에 두고 바라보아도 아프다

무덤 속에 묻어도 아프고
봄날 꽃 잔치에 초대해도 아프다

서늘한 건 추워서 아프고
너무 뜨거운 건 다 태워버려 아프다

소중할수록 다칠까 전전긍긍
어디로 날아 가버릴까 아프다

그러다가 내가 나를 지울까
네가 나를 잊을까 (이건 아니란 걸 알지)

사랑은 천국과 지옥의 속성을
지니고 심연을 넘나든다

그래도 살아가는 이유
네가 내 사랑이기 때문
내가 너를 심장에 담아두어야
이 심장 멈추지 않기 때문이다

사랑아 그 사랑
내게 주어 고마워

분별의 사랑

당신을 만나고 온 후
태생의 불면이 부드러워졌습니다
현악기의 활처럼 팽팽하던
긴장의 선들이 고개를 숙이고
흰 눈으로 감싼 나무 같이
당신 품속의 아늑함에
평온으로 잠에 듭니다
기도의 손 마주잡고 걸어갑니다
세상의 일들은 무엇 하나
의미 없이 이루어지는 것은
없다고 믿습니다
그 의미를 간직하고 살아갑니다
한 번도 느껴보지 못한
그 사랑
사랑은 받아본 사람만이 아는
분별이 있습니다
하늘과 땅을 꽉 채운
빈틈없는 기쁨의 사랑입니다
인간적인 것을 초월하는 사람의
사랑 안에 신이 들어와 축복하는
사랑, 경계 없는 하나의 사랑
그 사랑이 당신입니다

천 년의 꿈

당신과의 하루는 천 년을 꿈꾸게 합니다

그 천 년은 영원까지 꿈꾸게 합니다

사랑이라면 영원까지 가야 하지 않겠습니까

하루살이도 아니고 단 하나뿐인
영혼의 옷을 벗고 마주한 얼굴인데
눈이 부셔 다른 건 장막에
가려질 것입니다

지독한 사랑 부드럽게 잔인한 사랑
모든 것이 되어주는 사랑입니다

모래시계가 마지막 숨을 토하기 전
불멸을 꿈꾸며 되돌아서 돌아옵니다

우리는 자연으로 순환되는
사계의 꽃이니까요

백합

당신의 꽃잎에
내 몸을 대어봅니다
나와 소통되는 그대
하얀 꽃잎

당신의 향기에
내 혼을 적셔봅니다
어울림의 한 병 성수
맑게 흔들립니다

생각하면 울고야마는
내 영혼의 빛
출렁이는 강물로 당신에게
흘러갑니다

심장에 들어찬 이
뜨거운 사랑!
드릴 수 있는 당신 계시어
내가 살 수 있습니다

흠 없는 사랑
지극히 무구한 혼에
불을 지핀 당신
내 하늘이시여

별 하나 달 하나

어둠 사이 빛나는 별 하나
그건 너
구름 사이 반짝 웃는 달
그건 나
너와 내가 빛이 되어
세상이 밝아졌으면 좋겠어

그렇지?

임 오신 날

밤새 눈이 내렸어요
눈 떠보니 쌓였네요
그토록 좋아하는 눈 오시는 걸
보지 못해 미안해요
사랑의 눈빛으로 맞아야 했는데
나 모르게
오신 님을 맞이하지 못했네요
내 영을 점령한 당신과 대화
나누느라
눈 감고 있었지 뭐예요
그래도 행복해요
함께 걸어가
뜨거운 물이 되어 만나요
내가 당신이고 당신이 나인
맑은 물

낮과 밤

많이 웃었습니다
활짝 피어났습니다
함께 한 사흘 동안
꿈같은 시간이었습니다
그 기쁨 안고 천 년도 살겠습니다

한평생과 맞먹는 하루
영원으로 이어지는
찰나의 순간
지극한 사랑은 깊이 빠져드는
공포의 늪지대

하늘이 그렇게 우리에게
맑고 고운 선물을 주셨습니다
향기로운 길로 인도합니다
그 손 꼭 잡고 가겠습니다

나의 연인이여
불타는 노을이 뜨거움을 숨기고
서늘한 눈빛으로 바라봅니다
내일이면 생명을 다한
솟구침으로 세상을 녹일 것입니다

행복합니다
이 풍진 세상 나와 함께
가시옵소서

ㅅ이 되고 싶다

ㅅ이 되어 훨훨 날아가
그대에게 가고 싶다
새가 되어 날고 싶다
내 몸 새가 되었다가
눈부신 여인으로 그
품속에 들어가 쉬고 싶다
한라산보다 높게 쌓인 이야기
저 대양에 풀고 싶다
오대양 육대주의 사랑 노래
듣고 싶다 하고 싶다
ㅅㅅㅅㅅㅅㅅㅅ
기도의 응답 받고 싶다

인생의 길

이 생이 다시 올까요
아니 아니지요
인생은 되돌이표가 없답니다
가슴 뜨거울 때 사랑하고
후회 없는 길 걸어가요
타오르는 태양도 저문 저녁이면
숯불 꺼지고 서늘해져요
생기 넘치는 한낮에 맘껏
노래하고 춤을 추어요
오직 사랑만 품고 두려움 없이 가요
그대 사랑 나의 사랑 하나면
잠든 대지도 일어나 풀잎에 이슬
매달고 미소할 거예요
우리 어떻게 만났나요
아슬한 빛의 순간 사이로 숨어든
우리 사랑
축복을 기도한 두 손으로 받아든
눈부신 사랑
고요한 밤 물결 흐르는 소리도
우리를 위해 노래합니다
사랑합니다
생명이 다할 때까지

제4부

고엽

예술

아픈 삶을 그 고통을 어떻게
버텨 냈을까요
문학과 음악 그 모든
예술 덕분
계산된 음률이 아닌
영혼에서 솟아난 것들
그 슬프고 아프고 힘든 시간
가만히 토닥토닥 쓰다듬어주는
예술의 손길
천상을 지배하고 그곳으로
인도하는 신이 주신 것
무한한 세계로 입문하게 하는
예술이 있었기에
지금 숨 쉬고 있는 것
예술은 또 다른 자연의 종교

겨울 미소

찬 서리 덮인 들판에
꽃 잔디가 미소를 보냅니다

이 추운 날 어쩌자고
붉은 꽃 피웠을까요

동상도 무릅쓰고 나와
환하게 얼굴 붉혔습니다

저 강인한 생명은
어디로부터 솟구쳤을까요

겨울의 징검다리 건너
당신의 미소를 만났습니다

나도 세상 밖으로 나와
그 따듯함에 흠뻑 젖습니다

까치밥

너 하나뿐인데
오직 너만이 내 기쁨인데
어떻게 너를 놓을 수 있겠니
자다 깨도 무의식에 박힌
사랑스러운 너
너를 놓고 이 추운 겨울
어찌 보낼까
봄부터 겨울까지 한 생의 사계에
남은 오직 하나인 너
바라보기만 해도 뿌듯하고
배부른 너
견딜 거야 나의 파랑새가
올 때까지
다 떨구고 청소까지 한
이 마음에 차오른 너
깨끗한 심장 두드린 너
그런 순결한 너
아무리 세찬 겨울바람이어도
난 널 꼭 쥐고 가슴에 품을 거야

하나의 목숨 살아내려면
하나의 네가 지켜주어야 하니까
눈비 내리고 추워져도
서로의 등불이 되어 살아가자
저 높은 겨울나무 끝에
오롯한 마음으로 기다리는
하나의 네 열매로 남아
기다릴게
어둔 밤 눈을 뜨고
환한 낮에 눈을 감고
오직 너 하나만 생각할 거야

당신의 체취

당신의 기록이 남은 손 글씨 한 장
인사말 한 문장
찍어주신 사진들
그리고
이 가슴 속 보고픔
한가득입니다

쇼팽의 봄의 왈츠가 흐릅니다

이 마음 울립니다

그대로 하여 봄이 되었습니다

네온 빛

네온이 빛나는 밤거리에
자꾸만 네온이 밟히네
붉고 노란 빛들
가을이 몽땅 떨어져
몸을 포개고
우리에게 건너가라 하네
네가 거기 있는 것만 같아
두리번거리며 추억을 열어 보았네
물든 것은 낙엽만이 아니었네
너에게 물든 내 마음이
차곡차곡 쌓여가네
기다리다가
봄 오시는 소식 듣게 되면
나 그렇게 물이 되어
그대에게 흘러가리라

압력솥

밥을 짓고 있다
밥솥이 울고 있다
먹고 산다는 것이
이토록 울음 우는 일이라고

배고픔을 아는 사람들
지구 저편에서 울고 있을 거야

하루만 굶어도
내장에 전쟁이 나는데
그 주림으로 죽을 수 있다는 것

얼마나 기막힌 일인가

말라 비틀어진 아이들
앙상한 뼈에
눈감고 우는 어미들

얼마나 지켜보아야 하는가

혼자서 안 되는 일
둘이 하면 되는데…

너의 눈물을 부르리라

아침에 들녘으로 나가보니
밤새 어둠에 영글은 이슬 방울

투명한 눈물 위로 하늘은 손을
뻗어 그 눈물 쓰다듬네

고뇌도 한순간 그대 만나
고요로 다가서네

다만 그대 받은 생명
매듭지지 말게나

누더기 기워 입어도 따듯한 가슴
부르고 불러도 좋은 삶의 찬가

은하수 흐르는 길목에 서서
눈물 젖은 너를 부르리라

다독다독 걸어오는 맑은 사람아
언제나 곁에 있는
난 너의 수호천사

장미

모두가 그대를 좋아하여
그대의 몸이 그렇게 뜨거운가 봅니다

여러 겹의 입술을 닫고
망설이는 향기만 퍼집니다

혼자 있어도 황홀한 경지
하루 내 부끄럽습니다

가시 돋는 자국마다
몸서리치는 회상의 세포
숨을 참고 웁니다

봄부터 겨울까지
넘볼 수 없는 하늘 저편
아득한 눈이 충혈되었습니다

만남은 기다림으로
노을빛에 물들어 타오릅니다

심연에 출렁이는 속삭임
샘솟는 눈물은
저녁 어둠 속으로 들어가
별이 되었습니다

지극한 그리움

서로가 원하는 간절한 사랑
입술에 침묵이 감돌아도
투명 창에 비친 맑은 사랑
느낌 하나로 심연에 닿네

어느 세월을 건넌 자가 이토록
확신에 찬 사랑일 수 있을까
곁에 안 보여도 곁에서
숨 쉬는 사람
눈 감아도 보이고 귀를 막아도
들리는 내 몸과 영혼의 사랑

눈빛만 봐도 알 수 있는
오색빛 사랑
당신 옆에 있으면 난 어린아이가 돼요
세기를 다하도록 진행되어온
섭리의 역사

그 심오한 사랑에 묶인 두 영혼
오늘도 하늘은 둘만의 시간
역사하고 계시리라는 것을
믿습니다

세상 규칙과는 동떨어진 법
안에서 우리가 탄생했으니까요

만남부터가 기막힌 섭리
그 많은 제약들 다 치워놓고
부르셨으니

이미 저는 내가 누구인지 스스로
알았던 것 같습니다

모를 수가 없는 일
천방지축 내 맘대로 자유로운
영혼으로 살았지요
어린아이 같은 영혼 말이지요

터널

빛을 보았기에 잠시의 어둠
견디기 힘듭니다
이 긴 터널을 빠져나가면
눈부신 태양
마주할 수 있음을 알기에
심장의 진동 전신으로 퍼집니다

이미 하늘의 인장을 받은 몸
뿌리를 알게 된 것만도 행운
영혼 속에서 갈구했던 것들
눈앞의 현실로 다가오신 것

당신 앞에 서면 한없이 수줍어
동굴 어둠 속에서 다시 만날
준비를 하고 있습니다
선율로 견디며 내 영을 천상으로
옮겨놓고 그리움을 견뎌냅니다

지극히 높으신 분을 찬양합니다
우리 안에 심겨진 것들
그건 사랑이었습니다
흠결 없는 사랑

보이는 것과 보이지 않는
모든 것 속에
당신이 살아계십니다
숨 쉬고 있습니다
우리의 첫 만남부터 첫눈의
인식까지…

아 벅차오르는 가슴
이 눈물겨운 사랑
할 말을 삼키며 기도합니다
다시 만나게 해주시라고

저 들녘을 바라보며

겨울 침묵이 덮인 들녘에
하얀 고백이 감돈다
소란한 세상 건너온 바람도
영혼의 성사를 본다
사계의 톱니바퀴에 물려
어쩔 수 없는 욕망을 품었노라고
모두가 숨어버린 시간
눈물의 발자국을 찍으며
그윽한 손길 닿은 이곳에 서서
잠시 평화의 기차를 타고
봄으로 가는 세상을 꿈꾼다

고엽

한 잎의 슬픔이 떨어지네
그대로 하여 눈물이 마르네

봄부터 돋던 뾰족한 가시
대나무 마디 같은 고통의 나이테
하나 둘 낙엽 따라 떠나네

차곡차곡 쌓여가는 볏짚의 눈높이
그 높이만큼 충만한 그리움

농부의 흥겨운 춤사위 너울대는
다복하고 배부른 사랑아

긴 겨울로 걸어 들어가 그대와
추운 계절 봄꿈을 꾸며 살고 싶어라

작별, 그 후

심장이 두 개라면
한 쪽은 내 안의 사람에게
다른 한 쪽은 내 밖의 사람에게
나누어 주고 싶네

내 안의 사랑에게
내 밖의 사랑 이야기 할 수 있고
내 밖의 사랑에게
내 안의 사랑 말할 수 없어

오늘 떠나는 기차의 기적 소리에
가슴이 내려앉는 소리 묻히네

투명한 Crystal 닮은
눈부신 광채
그 안에 눈물은 없을 거야
내가 응원하고 있으니

내 안의 하나 된 영혼의 눈물
그것은 하늘의 신비

투명한 사랑

사랑하는데 자꾸 눈물이 난다
어쩌자고 이 깊은 사랑이
총천연색의 연가를 부르는가
오른팔이 저리고 왼팔에 통증 일어
하늘에 물음표를 올린다
하나만 아프기도 벅찬데
온몸으로 아파야 하는 거냐고
가시도 접고 꽃 피운 여름
눈물 방울 매달고
당신의 허리를 껴안고 웁니다
너무도 맑은 사랑이
심장까지 더듬어 핏물이 넘칩니다
사랑합니다 그대여
봉오리 열릴 때까지 내 곁에서
가만히 손 잡아주소서

산수유

산마루 올라서서 수국꽃 바라보니

수국의 하얀빛이 가슴에 출렁이네

유정도 병이련가요 마음의 병 깊네요

그립다

멀리 있어도 가까이 있어도
그 거리는 너무나 먼 그리움
잡을 수 없는 영역의 존재
그리움이 그런 건가 봐
보고 있어도 보고 싶다는데

간밤에 많이 아프고 나니
밥 안 먹어도 배고프지 않네
그리움만은 비워낼수록
더 그립네

눈 감고 영혼에 새겨진
문신을 만져보네
달빛을 녹여내는 선혈의
장미 한 송이

그 향기 천지를 감도는데
아득하네
안개 속으로
걸어오시는 임이여
시간도 세월도 모르시는
은애하는 분이시여

느낌 속의 그대

당신은 만져지지 않지만
내 몸을 뚫고 들어와
앉아 계십니다
눈밭에 서 있는 하얀 눈사람
눈 속에서도 끓어오르는 뜨거운 심장
당신을 표현할 말이 없습니다
사람은 무조건 쳐들어오는데
당신은 가만가만 내 의향을
감지하시는 분
그것이 차이랍니다
나를 헤아려주시고 알아주시고
영혼까지 안아주시는 분
모든 말을 다 할 수 있는 편안한 바위
달구어진 그 무릎에 앉아
한평생 시린 내 뼈를 달구고 싶습니다
통증이 사라지는 소리 들립니다
내 주인이신 분이시여

눈이 좋은 이유

그건,
겨울에 오니까 좋지요
여름눈이 있다면 좋을까요?
무더위 사이로 오는 눈 말이지요
그것도 매력이라고요?
하얀 것은 다 좋아요
세상의 티끌과 먼지를
덮어버리니 좋은 거지요
죽음도 하얀 천으로 덮어요
죽음이 아니라는 듯
삶으로 돌아가라는 듯
천국에는
하얀 눈이 가득할 거 같아요
어둠이 끼어들 새가 없는
흰 빛의 광명

커피의 나라

한 모금의 커피를 마시며
부르고 싶은
그대 이름을 삼킵니다

모락모락 오르는 커피 향에
심장 한쪽이 두근거립니다

쌉싸레한 뒷맛 속의 달콤함은
울고 싶은 눈가에 한 방울
수정을 매달아 줍니다

퍼져나는 향기가 맛보다 더
좋은 것은 추억이 절실하기
때문입니다

한 모금의 커피도 그대 입가에
닿는 것을 본 적 없어
나는 신(神)과 사랑을
나눈 것으로 믿습니다

감자를 캐듯

그 사람을 데려오고 싶네
'나의 아저씨'
잠든 무덤을 열어 손잡아
일으키고 싶네

문을 두드리고
끄집어 데려오고 싶네

만인의 연인이여
심장의 허공을 어이 메꾸라고
고운 음성 하나 지구에 놓아두고
오실 줄을 모르는가

당신의 것 아닌 것 버렸으니
내어놓으라 따지고 싶네

라넌큘러스

오늘은 생일입니다
이번 생일은 축하의 선물이 많았어요
모르는 분에게서도 축하 문자가 왔어요
눈물 가득 기쁨이 피어났어요

내 생명이 이 땅에 올 때
나의 신도 기뻐하셨지요
장미송이 엮어 내 목에 걸어주며
예뻐해 주셨지요
가시 돋은 줄기 만들어
울타리 치시고 보호하셨지요

매혹의 라넌큘러스 한 송이
심장에 꽂아놓고
시들지 않는 사랑으로 불꽃을
피워 올렸지요

인식의 차원을 넘은 존재
태아부터 내 혼에 함께
살아오셨습니다

이제야 눈뜨는 어린 강아지가
당신을 목말라하며 사무친
시간으로 가슴 적십니다

민들레 홀씨

홀씨 한 송이 내게로 왔네
너울너울 춤을 추며

가까이 다가와
내 눈을 보았어

얼굴에 웃음의
화산이 솟네

기다린 듯
솔나무 숲에서 왔어

보송한 솜털 속
잉태된 생명

저 홀로 떠도는 거
아니었어

겨울잠 자는
대지의 봄

역행의 시간을 휘도는
품 안에 스며든 꽃 화살